Anja Frankenberger

Mit viel Spaß fit im Lesen

1./2. Jahrgangsstufe

Zeichnungen: Monika Hirmer

ISBN 3-89291-**357**-9

Inhaltsübersicht:

1. Rechtschreibstrategien aufbauen: Großschreibung von Namenwörtern, Großschreibung am Satzanfang, V-Wörter, Endung-er, Sp/sp und St/st, aus A/a wird Ä/ä, aus au wird äu, ai-Wörter

2. Arbeit am Grundwortschatz in Wortschatzbereichen: Wortschatzbereich: Ein Tag, Wortschatzbereich: Mein Körper, Wortschatzbereich: Ostern, Wortschatzbereich: Wohnen, Wortschatzbereich: Sommer
(Zu jedem Wortschatzbereich finden Sie das Wortmaterial, eine Einführungsstunde, Übungsmöglichkeiten und eine Lernzielkontrolle.)

3. Weitere Übungsmöglichkeiten: Hie finden Sie Übungsmöglichkeiten, die immer anwendbar sind und keine besondere Kopiervorlage erfordern.

Neue Wege zum richtigen Schreiben 1.
Nr. 980 *102 Seiten* € 16,50

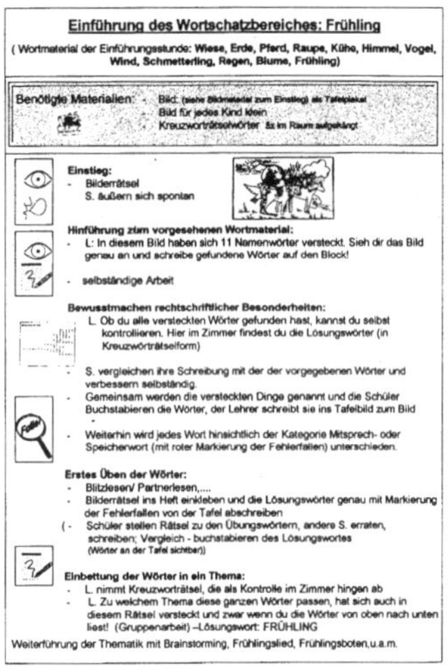

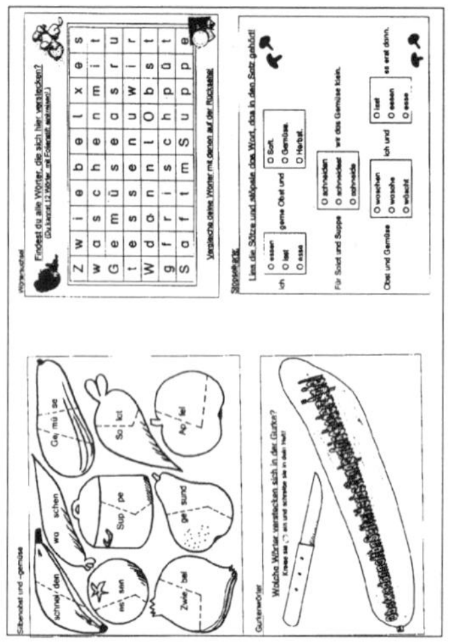

Inhaltsübersicht:

-weitere Übungsmöglichkeiten
-Korrekturhilfe für Lehrer und Schüler
-Auftragskärtchen (zu jedem Wortschatzbereich einsetzbar)
Arbeit am Grundwortschatz in Wortschatzbereichen
-Wortschatzbereich: In der zweiten Klasse
-Wortschatzbereich: Wir lernen miteinander
-Wortschatzbereich: Obst und Gemüse
-Wortschatzbereich: Die Hecke
-Wortschatzbereich: Wir warten auf das Christkind
-Wortschatzbereich: Rund um das Jahr
-Wortschatzbereich: Die Hexe
-Wortschatzbereich: Thermometer
-Wortschatzbereich: Taschengeld
-Wortschatzbereich: Endlich ist Frühling
-Wortschatzbereich: Familie
-Wortschatzbereich: Wie viel Uhr ist es?
-Wortschatzbereich: Mit dem Rad unterwegs
Restekiste
Rechtschreibstrategien aufbauen:
Den einzelnen Wortschatzbereich zugeordnet finden Sie:
-Tunwörter haben eine Grundform und verändern sich
-Wörter haben Silben und lassen sich entsprechend trennen
-Arbeitsblatt: Selbstlaute und Mitlaute
- Im Fundbüro von Pit Fund- Auslautverhärtung

Neue Wege zum richtigen Schreiben 2.
Nr. 981 *170 Seiten* € 21,90

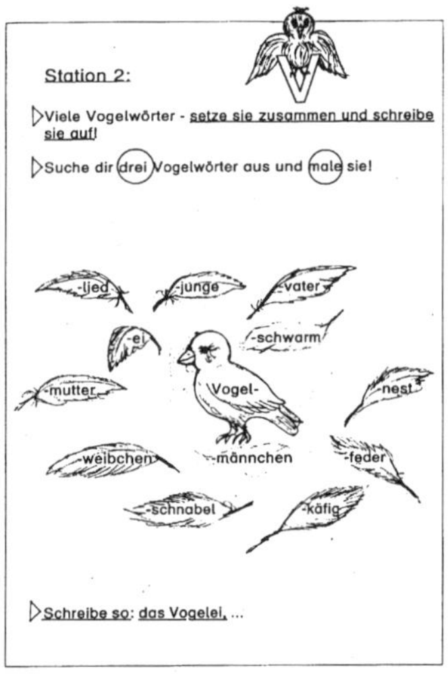

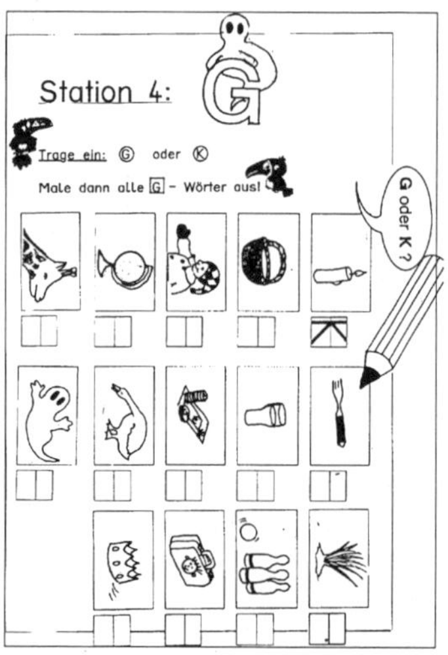

Inhaltsübersicht:

Bezug zum neuen Lehrplan
Stationenarbeit - warum?

Übersicht über die verwendeten Übungsformen
Manuelles Arbeiten
Setzkasten-/Computerarbeit
Memory, Domino&co
Zuordnungsübungen
Übungen zum sinnerfassenden Lesen
Übung zum gelenkten und freien Schreiben
(Verschriften)

Stationenarbeit z. vertief. Leseübung
Nr. 991 *120 Seiten* €17,50

Lese-Mal-Buch 1./2
Nr. 392 *66 Seiten* € 13,50

Stand der Preise 2002 - Bitte beachten Sie unsere aktuelle Preisliste!

Vorwort

Die Übungen dieses Leseheftes für die erste und zweite Jahrgangsstufe wollen Lehrerinnen und Lehrer darin unterstützen, die **Lesefähigkeit** der Kinder auf *spielerische* Weise zu fördern sowie individuelle Schwächen auszugleichen.

Dabei werden mit den Lesespielen mehrere Intentionen verfolgt:

1. Besonders die Lesefreude kann geweckt und verstärkt werden. Die Schüler erfahren durch den spielerischen Aufbau des Heftes, dass Lesen Spaß macht.

2. Die Lesefertigkeit wird durch vielfältige lesetechnische Übungen verbessert.

3. Das sinnentnehmende Lesen wird gefördert.

4. Die Integration anderer Deutschbereiche wird berücksichtigt.

5. Der kreative Umgang mit Sprache wird einbezogen und die Kinder erhalten Anregungen, selbst kreativ mit Sprache umzugehen.

6. Durch den unterschiedlichen Schwierigkeitsgrad eignen sich die Übungen zur Differenzierung und Individualisierung und zur Freiarbeit.

Das Heft ist abwechslungsreich gestaltet und ansprechend illustriert. Die Kinder können sich selbst im Laufe der Zeit eine eigene, individuell gestaltete Lesemappe erstellen, in der ergänzend selbstverfasste Rätsel und Geschichten enthalten sein können.

Inhalt

Hallo!

Ich bin dein lustiges Leseheft

Hier kannst du deinen Namen eintragen:

Mit mir kannst du Spaß am Lesen haben, träumen und eine Reise ins Leseland machen. Im Leseland gibt es viel zu entdecken.

Hast du Lust auf die Reise zu gehen?

Dann blättere doch einfach um und schon bist du im Leseland, in einem Land der Phantasie.

Name:		Klasse:		Datum:	

Anfangsbuchstaben

Schreibe zu jedem Bild den Anfangsbuchstaben!

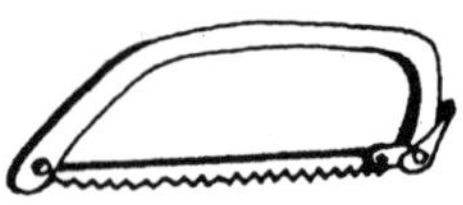

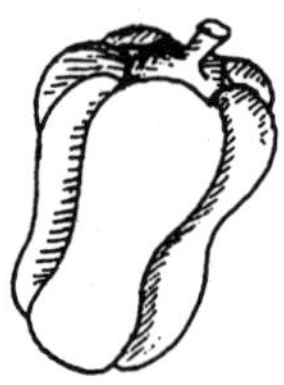

Name: ______________________ Klasse: ______ Datum: __________

Suchrätsel

In dem großen Suchkasten verbergen sich verschiedene Dinge.

Male zuerst alle Kästchen mit ☺ gelb aus!

Male dann alle Kästchen mit ▷ grün aus!

Male die Kästchen mit b rot aus!

Male die Kästchen mit d blau aus!

b	☺	a	f	b	f	r	☺	d	▷	e	s	□	b	d	d
w	q	e	r	t	h	j	○	□	v	b	b	▷	f	r	e
○	a	s	d	x	d	▷	b	f	q	h	☺	▷	t	f	z
b	▷	d	□	d	○	c	x	s	s	w	d	v	b	n	h
□	z	h	z	f	b	q	f	☺	d	f	f	○	d	q	☺
☺	b	n	m	b	s	v	□	a	d	f	b	n	o	i	□
▷	d	f	q	□	☺	d	f	r	○	e	d	q	n	m	b
b	f	t	h	b	n	m	f	d	s	w	□	e	r	d	▷
x	s	▷	f	v	d	q	○	▷	▷	□	j	n	b	b	v
f	d	e	▷	b	b	○	c	d	e	r	q	d	s	b	b
v	c	☺	x	s	d	v	b	n	m	j	k	○	☺	i	o
o	□	p	o	h	d	☺	n	q	b	d	▷	p	p	B	○

Wer hat die meisten gefunden?

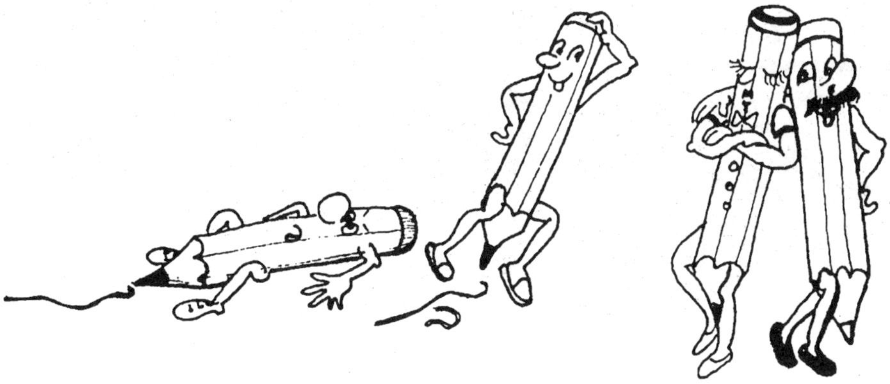

Name: Klasse: Datum:

Lese - Pyramide

Wenn
Oma Emma
mit dem Fahrrad
fährt, dann laufen alle
weg. Denn Oma Emma sieht
so schlecht, dass sie alles überrollt.
Einmal fuhr sie der Katze über den Schwanz.
Seitdem versteckt diese sich immer, wenn Oma
kommt. Auch in Opas Gemüsegarten ist sie schon gerast.
Da hatte Opa die Nase voll und hat Omas Fahrrad versteckt.

Name:	Klasse:	Datum:

Wir spielen Verstecken!

In jeder Zeile versteckt sich ein Wort. Unterstreiche es!

SSSSSSSSSSSSSSSSSWASSERSSSSSSSSSSSSSSSSSSS

BBBBBBBBBBBBBBBBBBBBBBBBBBBBBBUTTERBBBBBBB

AAAAAAAAAAAAAAAAAAAAAAAAAAAAAAAAAAAAAAPFELA

TTTTTWATTETTTTTTTTTTTTTTTTTTTTTTTTTTTTTTTTTTTTTT

NNNNNNNNNNNNNNNNNNNSONNENNNNNNNNNNNNNNN

EEEEEEEEEEEEEEEEEEEEEEEEEEEEEECKEEEEEEEEEEE

HHHHHHHHHHHHHHHHHHHHUHNHHHHHHHHHHHHHHHH

HHHHHHHHUHRHHHHHHHHHHHHHHHHHHHHHHHHHHH

NNNNNNNNNNNNNNNNNNNNNANNANNNNNNNNNNNNN

AAAAAAAAAAAAAAAAAAAAAAAAAAAAAAAAHAARAAAAAAAA

PPPPPPPPPPPPPPPPPPPPUPPEPPPPPPPPPPPPPPPPPP

EEEEEEEEEEEEEEEEEEEEEEEEEEEEEEEIEEEEEEEEEEEEE

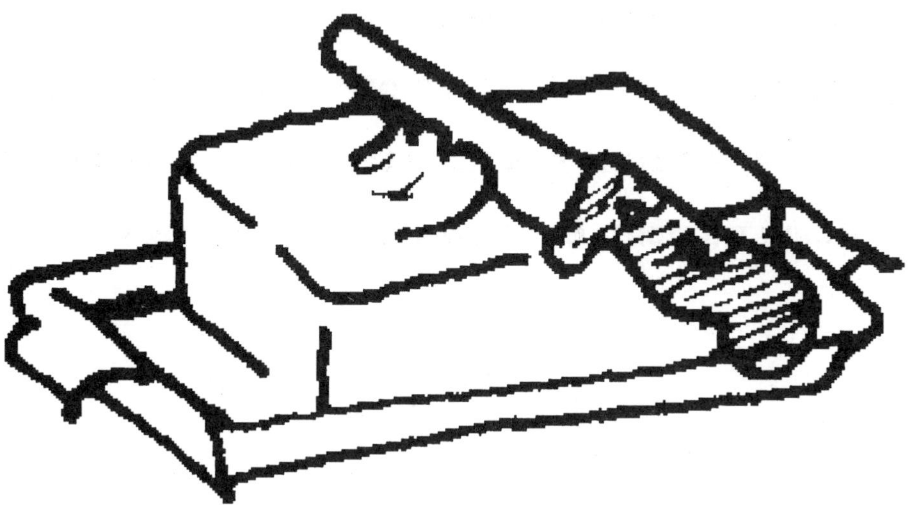

Name:		Klasse:		Datum:	

Abenteuer im Eis

Kannst du die andere Schrift lesen?

EMMA, DAS KLEINE EISBÄRMÄDCHEN, LEBTE ZUSAMMEN MIT SEINER MUTTER ERNA IN EINER SCHÖNEN SCHNEEHÖHLE IM EWIGEN EIS.

EMMA WAR EIN VORWITZIGES KLEINES DING, DAS GERNE ALLEIN DIE GEGEND ERKUNDETE. DAS WAR IHRER MUTTER GAR NICHT RECHT. SIE HATTE ANGST UM EMMA. ALS DIE MUTTER EINMAL GERADE AUF NAHRUNGSSUCHE WAR, SCHLICH SICH EMMA DAVON. SIE WOLLTE DIE AUFREGENDE WELT KENNEN LERNEN. ABER SCHON NACH EIN PAAR MINUTEN BRACH EIN FÜRCHTERLICHER STURM LOS. EIN EISIGER STURMWIND WARF EMMA FAST UM. DER DICHTE SCHNEE NAHM IHR DIE SICHT. SIE FROR FÜRCHTERLICH. SCHNELL DREHTE SIE SICH UM UND WOLLTE ZUR WARMEN HÖHLE ZURÜCK, ABER SIE FAND DEN WEG NICHT MEHR. DER WIND HATTE ALLE SPUREN VERWEHT. VERZWEIFELT IRRTE EMMA UMHER. IHR WURDE IMMER KÄLTER. NICHT EINMAL IHR FELL KONNTE SIE NOCH SCHÜTZEN. ERSCHÖPFT KAUERTE SIE SICH NEBEN EINE SCHNEEMULDE. SIE WÜRDE BESTIMMT ERFRIEREN!

DA TAUCHTE PLÖTZLICH IHRE MUTTER MIT GRIMMIGEM GESICHT AUF. WÜTEND SCHEUCHTE SIE EMMA VOR SICH HER. BALD HATTEN SIE DIE SCHÜTZENDE HÖHLE ERREICHT. EMMA WAR NOCH NIE SO FROH GEWESEN.

Name:	Klasse:	Datum:

Endlosgeschichte

Kannst du die Geschichte lesen?

WENNICHERWACHSENWÄREKÖNNTEICHMACHENWASICHWILLICH
KÖNNTEDIEGANZENACHTFERNSEHENODERSPIELENICHWÜRDE
JEDENTAGPIZZAESSENICHDÜRFTEAUCHAUTOFAHRENUNDALLES
KAUFENWASICHWILLICHWÜRDEMIREINENHUNDUNDEINEKATZEUND
EINPFERDKAUFENICHKÖNNTEJEDENFILMIMKINOSEHENABERDANN
MÜSSTEICHJAAUCHDENGANZENTAGARBEITENGEHENUMGELDZU
VERDIENENICHMÜSSTEESSENKOCHENDIEWOHNUNGSAUBER
HALTENUNDEINKAUFENVIELLEICHTSOLLTEICHDOCHDAMIT
ZUFRIEDENSEINDASSICHNOCHEINKINDBIN

Name:	Klasse:	Datum:

Tintenkleckse

Susanna hat Tinte über ihren Brief gespritzt. Kannst du trotzdem noch alles lesen?

Liebe Oma!

Gestern war ich mit meiner besten Freundin Tina im Schwimmbad. Wir sind um die Wette geschwommen und haben Wasserball gespielt. Lustig wurde es, als zwei Jungen aus unserer Klasse kamen. Die dachten doch wirklich, sie könnten uns tauchen! Denen haben wir es gezeigt! Dann sind wir auch noch vom Sprungbrett gesprungen. Ich habe mich zum ersten Mal auf das Dreimeterbrett getraut. Am Abend haben wir noch Bratwürste gegessen. Dann hat Papa uns abgeholt. Tina durfte bei mir schlafen. Es war sehr lustig. Schade, dass du nicht in der Nähe wohnst. Komm uns doch bald einmal wieder besuchen. Wir könnten dann auch in den Zoo gehen.

Ich vermisse dich

Susanna

Name:	Klasse:	Datum:

Auf der Wiese

Gestern war ich mit meiner besten Freundin Laura auf der Wiese vor unserem Dorf. Wir legten uns auf den Rücken, schauten in den blauen Himmel und sprachen kein Wort. Die Sonne strahlte warm auf uns herab. Die Halme kitzelten meine Beine, wenn der Wind hindurchfuhr. Es war mir noch nie aufgefallen, wie lebendig eine Wiese sein kann. Ja, du hast richtig gelesen - lebendig!
Ein Grashüpfer sprang über meinen Arm. Eine Spinne baute in der Nähe ihr kunstvolles Netz. Grillen zirpten und eine Feldmaus huschte an Laura vorbei. Ein grüner, glänzender Käfer saß auf der Blume neben meinem Kopf. Der Wind bewegte leise die Gräser und Kräuter. Eine Ameisenstraße führte an uns vorbei. Weil wir so leise waren und uns nicht bewegten, störten wir die Tiere in der Wiese nicht. Nur deshalb kamen sie so nahe an uns heran, wie wir es noch nie vorher erlebt hatten. Wir sahen und hörten an diesem Tag noch viele Dinge. Hast du Lust, es selbst einmal auszuprobieren? Versuch es!

Welche Wörter kommen in der Geschichte nicht vor? Streiche durch!

Freundin Wiese laut Sonne Feldmaus

strahlt Wind Tiere Wühlmaus baute

Mond Käfer vorbei regnet leise störten

Freund Spinne Netz Menschen

zerstörte Schmetterling Sturm Grashüpfer

Name:	Klasse:	Datum:

Störgeschichte

Kannst du trotz die Geschichte lesen?

Das Pferd Lilli

Lilli stand allein auf der Weide. Mit der Zeit wurde es immer dunkler. Der Mond ging auf. Plötzlich hörte sie aus dem nahen Wald komische Geräusche. „Uuuuh, Uuuuh!“, klang es immer wieder. Lilli erschrak. Sie bekam es mit der Angst. Unruhig lief sie hin und her. Sie wollte davonlaufen, doch sie fand keine Lücke im Zaun. „Uuuuuh, Uuuuh!“, hörte sie wieder und plötzlich flog etwas dicht über ihren Kopf hinweg. Erschrocken duckte sich Lilli. Das komische Geschöpf aus dem Wald zog noch ein paar Kreise in der Luft, dann setzte es sich auf das Gatter. Da sah Lilli erst, dass es nur eine kleine Eule war.

Name:	Klasse:	Datum:

Schlangengeschichte

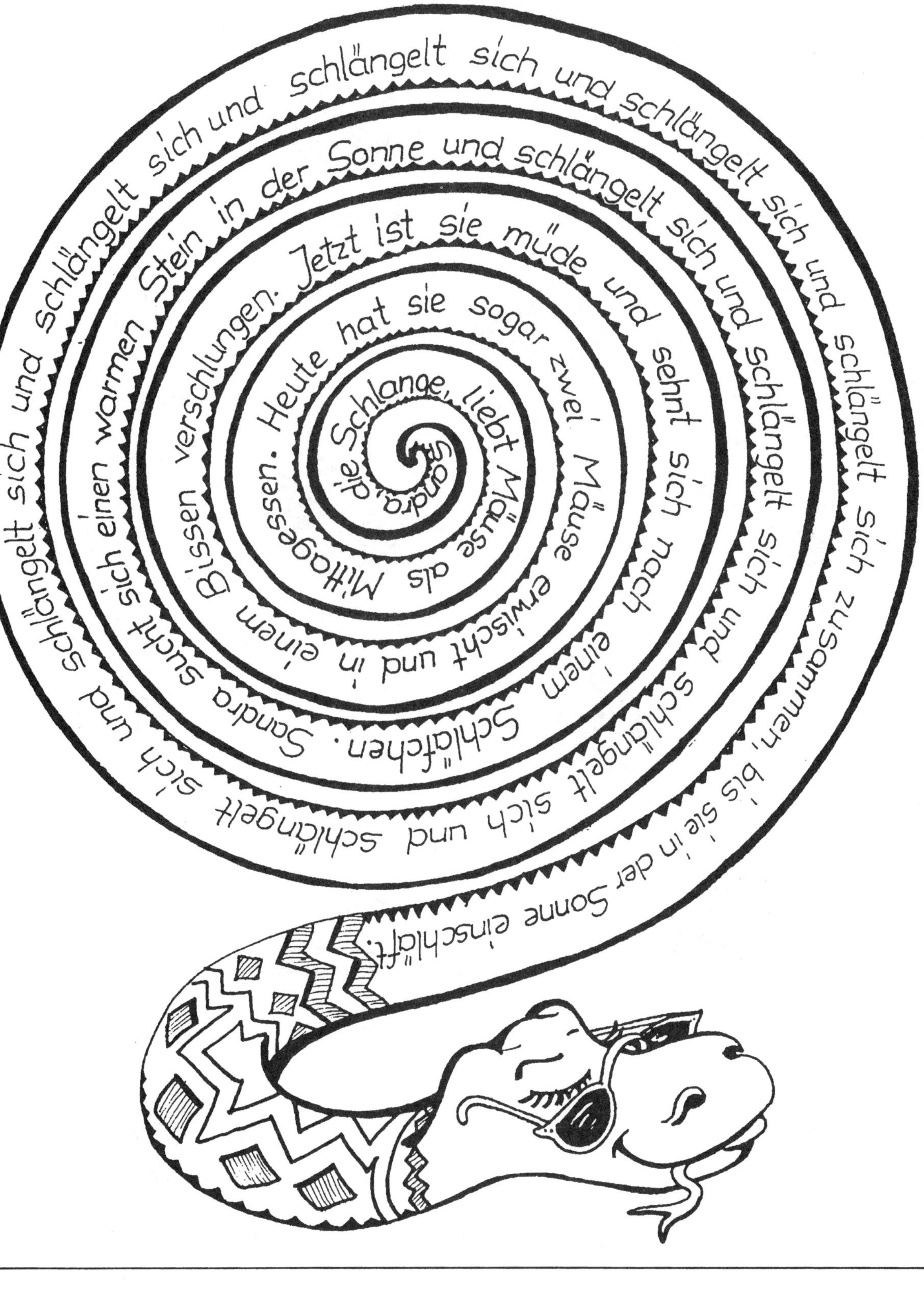

Name: | Klasse: | Datum:

Bilderrätsel

Kannst du es lösen? Du musst dazu die Anfangsbuchstaben des Bildes durch andere Buchstaben ersetzen!

H = D

R = Gew

B = F

Tr = kl

Pf = S

M = Pf

B = R

K = W

F = T

H = W

D = R

H = M

Name: ____________ Klasse: ____ Datum: ________

Geheime Botschaft

Der Mitternachtsclub besteht aus zwölf Jungen. Sie haben einen geheimen Treffpunkt im Wald. Damit alles vor den anderen Kindern verborgen bleibt, haben sie sich eine Geheimschrift ausgedacht.

A / a = ☆ E / e = ☾ I / i = ☼

U / u = 💧 O / o = ❄

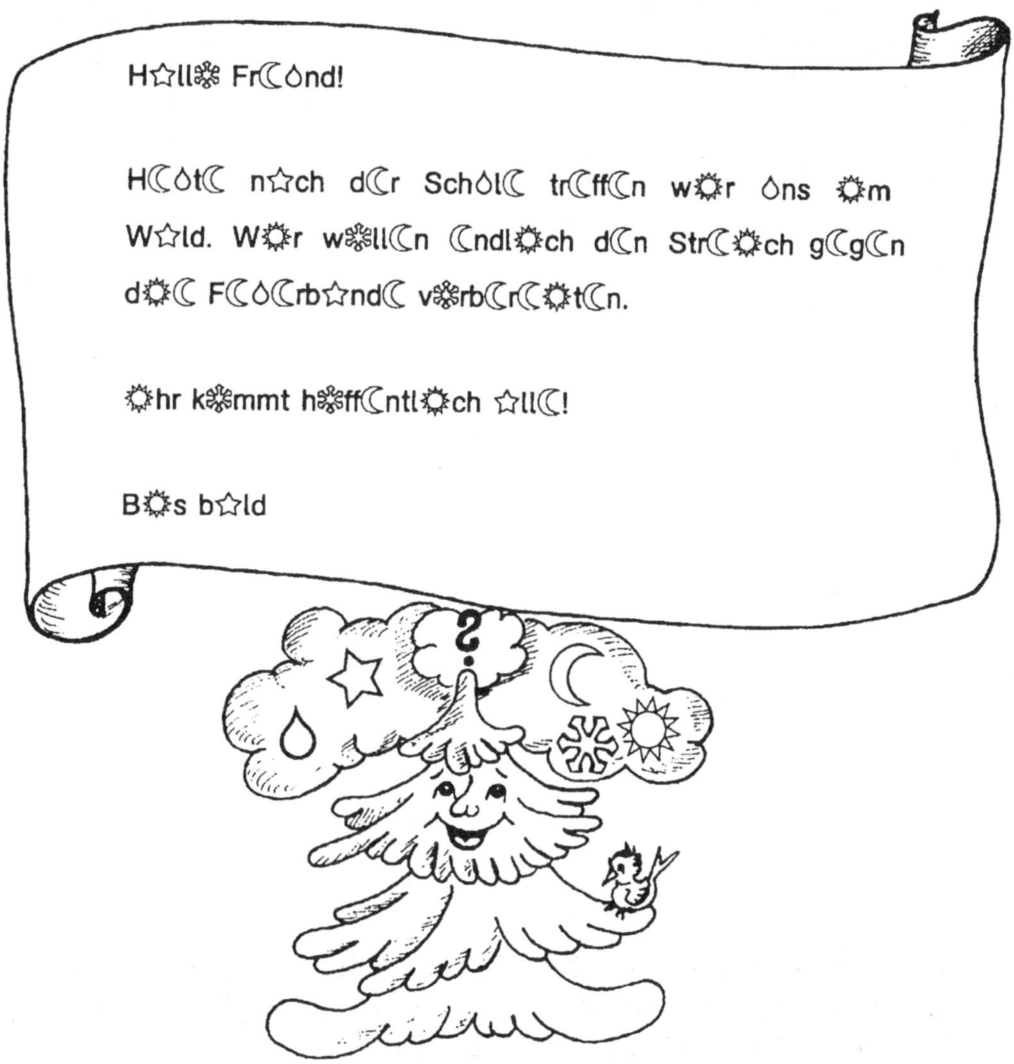

Name:		Klasse:		Datum:	

Bildgedicht

Auch mit Wörtern kann man Bilder malen. Kannst du das Bildgedicht lesen?

Schau genau hin, denn manchmal versteckt sich etwas!

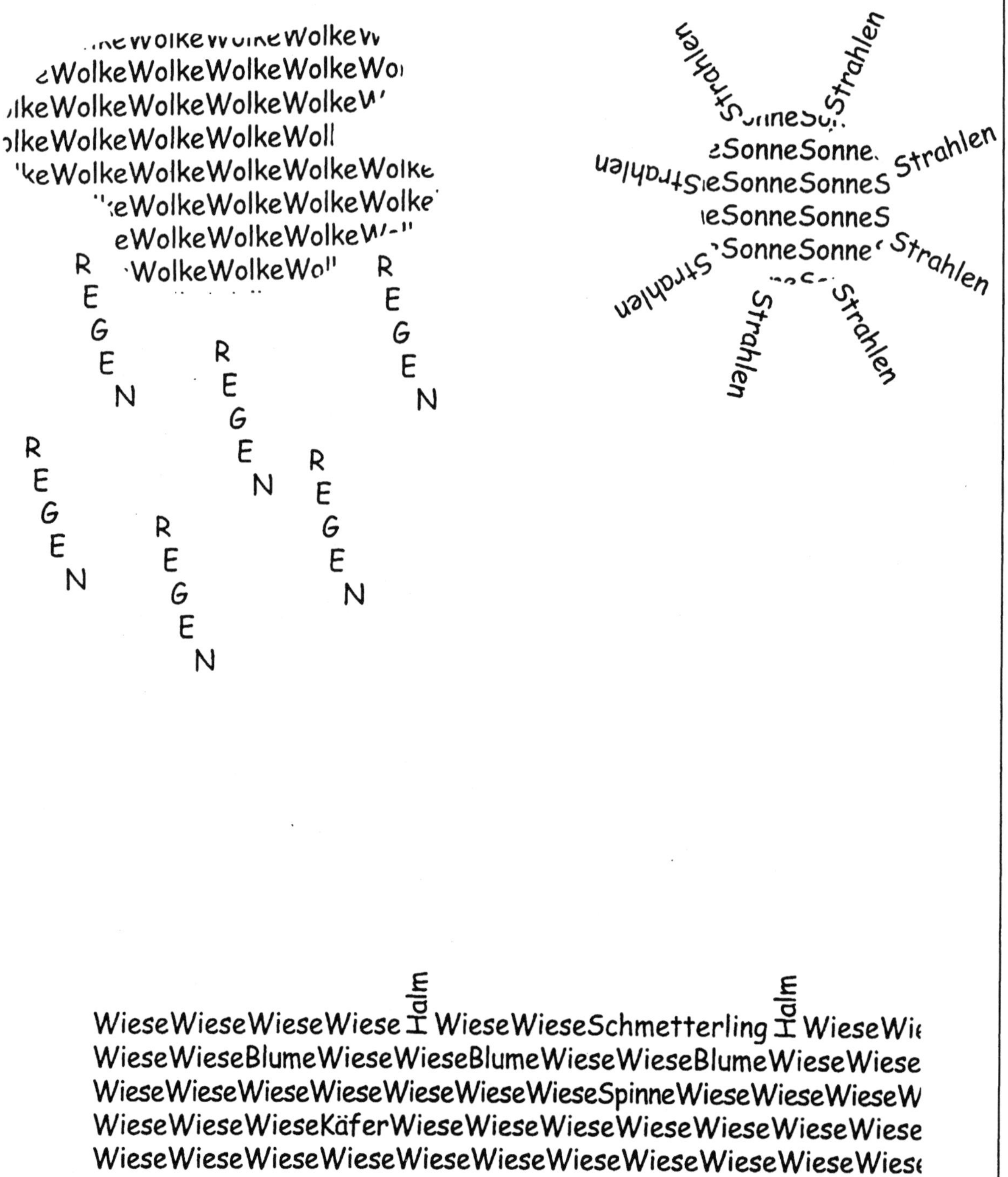

Name: ________ Klasse: ____ Datum: ____

-Geschichte

Die  Zarcolax hat eine schwarze  und einen langen 

Zarcolax ist eine gute  . Nachts fliegt sie auf ihrem  über die . Dabei schaut sie nach , denen sie helfen kann. Gestern hat sie dem Bauern Hans  geholfen. Ein  hatte sein Bauern  zerstört. Mit ihrem Zauberstab hat sie das  wieder ganz gehext. Für den bösen Nachbarn des Bauern zündete sie eine  an und kochte dann in ihrem Zauber einen  -trank. Sie rührte ihn unter sein  . Seitdem  er immer und ist sehr nett. Die Nachbars  durften sogar auf seinem  reiten.

Vielleicht   du ja auch einmal die  Zarcolax auf ihrem  über dein  fliegen.

Name: ____________ Klasse: ____ Datum: ________

Was tun die Leute auf den Bildern?

Kannst du die Bilder mit dem richtigen Tunwort verbinden?

angeln

trinken

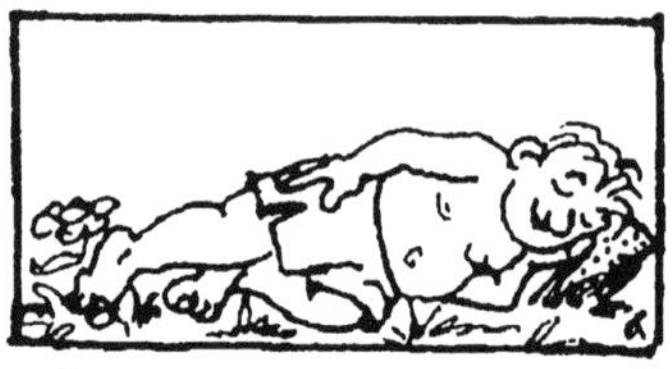

nähen

hängen

baden

pfeifen

backen

schwimmen

schlafen

reiten

Name: Klasse: Datum:

Schmetterlinge

Wohin fliegen die Schmetterlinge?

Verbinde die Schmetterlinge mit den passenden Blumen!

Name:	Klasse:	Datum:

Puzzle - Sätze

Welche Puzzlestücke passen zusammen? Verbinde sie!

Ich esse	Blumen auf der Wiese.
Ich wasche	mit Messer und Gabel.
Ich schreibe	Limonade mit einem Strohhalm.
Ich schwimme	Aufkleber.
Ich fahre	mir Gummibärchen.
Ich kaufe	in einem großen See.
Ich pflücke	einen Brief an Oma.
Ich gehe	mir Gesicht und Hände.
Ich trinke	mit dem Fahrrad.
Ich sammle	im Wald spazieren.

Name:		Klasse:		Datum:	

Was gehört zusammen?

Schau genau und trage die Nummern in die Bilder ein!

1. Ein lachendes und ein weinendes Gesicht
2. Zwei Sterne und der Mond
3. Ein Haus mit Zaun
4. Ein Hund und eine Katze
5. Zwei lachende Gesichter
6. Ein Stern und der Mond
7. Ein Haus mit Baum
8. Eine Maus und eine Katze
9. Zwei weinende Gesichter
10. Sonne und Mond
11. Ein Haus mit Teich
12. Ein Hund und eine Maus

Name: ______ Klasse: ______ Datum: ______

Wer ist ein schlauer Kopf?

Nur ein Satz passt jeweils zum Bild. Kreuze ihn an!

Manchmal musst du genau hinsehen.

☐ Micha kauft in der Metzgerei ein.
☐ Micha kauft Brötchen in der Bäckerei ein.
☐ Micha kauft eine Hose im Kaufhaus.

☐ Beate hat eine Hose und einen Pulli an.
☐ Beate hat ein Kleid mit Blumen an.
☐ Beate trägt ein Kleid mit Tupfen.

☐ Der Hund kaut an einem Knochen.
☐ Der Hund hat einen Ball im Maul.
☐ Der Hund hat einen Stock im Maul.

☐ Peter bindet sich die Schuhe zu.
☐ Peter zieht die Schuhe an.
☐ Peter hält die Schuhe in der Hand.

☐ Susanna reitet durch den Wald.
☐ Susanna reitet am Wald entlang.
☐ Susanna reitet vom Wald weg.

☐ Die Giraffe steht auf dem Hügel.
☐ Die Giraffe geht auf den Hügel.
☐ Die Giraffe geht zum Hügel.

Name: | Klasse: | Datum:

Suchspiel

Ein Wort passt nicht in die Zeile. Streiche es durch!

Winter	Herbst	Jahr	Sommer
Fahrrad	Auto	Traktor	Lastwagen
Maus	Hund	Junge	Katze
Mond	Regen	Sterne	Sonne
Gurke	Tomate	Zwiebel	Brot
Heft	Bleistift	Füller	Kugelschreiber
Arm	Kopf	Hose	Bein
Rock	Bluse	Hemd	Decke
Haus	Schrank	Stuhl	Tisch
Wasser	Kuchen	Saft	Limonade
Kirsche	Apfel	Banane	Schokolade
Tom	Maria	Anna	Rosi
Amsel	Meise	Affe	Spatz
Messer	Teller	Gabel	Löffel
Teller	Schüssel	Glas	Gabel

Name:	Klasse:	Datum:

Beruferaten

Welche Berufe haben die Menschen? Trage die Nummern ein!

1. Frau Meier misst Fieber und verbindet Wunden.
2. Herr Schulz muss mitten in der Nacht aufstehen. Er macht Teig für Brot und Kuchen.
3. Herr Adam rührt in Töpfen und Pfannen.
4. Herr Sand füttert Kühe und arbeitet auf dem Feld.
5. Frau Donner schreibt wichtige Dinge an eine Tafel und korrigiert Probearbeiten.
6. Herr Lauser sammelt Abfall ein und wirft ihn in einen Lastwagen.
7. Frau Sommer bringt Lampen zum Leuchten.
8. Frau Walter fährt Leute von Ort zu Ort.

Koch

Bauer

Busfahrer

Bäcker

Ärztin

Müllmann

Lehrerin

Elektrikerin

Name:	Klasse:	Datum:

Suchgeschichte „Auf dem Spielplatz"

In welchem Teil des Bildes findest du die Personen aus der Geschichte?

Petra ist heute auf dem Klettergerüst geklettert. Zum ersten Mal hat sie an der Stange eine Rolle vorwärts geschafft. Jetzt sitzt sie ganz oben auf dem Gerüst und streckt ihr Gesicht der Sonne entgegen.
Pauli, der Mischlingshund, hat aus Oma Ernas Laden eine Wurst geklaut. Nun liegt er unter einem Busch versteckt und lässt es sich schmecken.
Oma Erna ist total sauer auf den Hund. Mit einem Besen ist sie hinter ihm her auf den Spielplatz gerannt. Doch jetzt sieht sie ihn nicht mehr. Erschöpft lehnt sie sich auf den Besen.
Marina sitzt mit ihrer besten Freundin *Tamara* auf der Wippe. Marina ist hoch oben in der Luft und Tamara unten, denn diese ist viel schwerer als sie. Mit dem Wippen wird es wohl nichts!
Tim und *Sandra* bauen im Sandkasten eine Sandburg. Sie ist schon fast fertig. Sandra holt gerade einen Eimer Wasser aus dem Brunnen auf dem Spielplatz. Tim wartet bei der Sandburg auf sie.
Frau Müller und *Frau Schulz* sitzen auf einer Bank und unterhalten sich. Ihren vollen Einkaufskorb hat Frau Schulz auf dem Boden abgestellt.

Name:		Klasse:		Datum:	

Reimwörterrätsel

Wie muss es richtig heißen? Streiche das falsche Wort durch!

1. Mutter isst gerne einen Tisch / Fisch.
2. Paul streicht sich die Butter / Mutter auf das Brot.
3. Michaela hat Locken / Socken im Haar.
4. Tim badet gerne in der Wanne / Kanne.
5. Ina stellt die Ratte / Platte auf den Tisch.
6. Am Morgen kräht der Zahn / Hahn.
7. Beim Unterricht sitzen die Schüler in der Tasse / Klasse.
8. Der Lehrer lobt das fleißige Kind / Rind.
9. Sandra trägt ein Buch / Tuch um den Hals.
10. Oma wischt den Fleck weg mit einem Wappen / Lappen.
11. Papa schneidet im Garten die Hecke / Decke.
12. Die Fahrräder stehen im Teller / Keller.
13. Auf der Blume sitzt eine Biene / Miene.
14. Heute scheint die Wonne / Sonne.
15. Tina turnt auf dem Reck / Dreck.

Name:	Klasse:	Datum:

Kann das stimmen?

Kreuze an!

	Ja	Nein
1. Eine Maus backt Kuchen.	☐	☐
2. Der Vogel singt im Käfig.	☐	☐
3. Anna schreibt in ihr Heft.	☐	☐
4. Tom versteckt sich unter der Gabel.	☐	☐
5. Der Lehrer bekommt eine schlechte Note.	☐	☐
6. Der Fisch schwimmt im Meer.	☐	☐
7. Susi schickt ihren Vater ins Bett.	☐	☐
8. Mutter kocht Suppe.	☐	☐
9. Maria führt Oma an der Leine spazieren.	☐	☐
10. Der Mond geht auf.	☐	☐
11. Tische schmecken allen Kindern gut.	☐	☐
12. Der Bruder fährt gerne Fahrrad.	☐	☐

Name:	Klasse:	Datum:

Luisa und Jo

Hier stimmt nur der erste Satz! Dann haben sich Fehler eingeschlichen. Findest du die richtigen Wörter?

Lisa hat einen großen Hund, den sie Jo genannt hat.

Wenn Lisa mit Jo spazieren geht, fliegt er vor ihr her.

Jo jagt wie jeder Hund gerne Mäuse.

Zum Trinken gibt Luisa ihm immer Bier.

Sein Fressen bekommt Jo in einem Kerzenständer.

Am liebsten spielen Luisa und ihr Schwein Ball.

Sie wirft dann den Ball und Jo hoppelt hinterher.

Dann holt Jo den Ball und legt ihn Luisa vor die Nüsse.

Nachts schläft Jo im Kaninchenstall vorm Haus.

Name:	Klasse:	Datum:

Lustiges Frage-und-Antwort-Spiel

Welche Frage passt zu welcher Antwort? Verbinde!

1. Was tun Lehrerinnen?	1. Sie wälzen sich im Dreck.
2. Was tun Katzen gern?	2. Sie stechen und saugen Blut.
3. Was tun Hühner?	3. Sie leeren Mülltonnen.
4. Was tun brave Kinder morgens?	4. Sie beißen jemanden ins Bein.
5. Was tun Schweine oft?	5. Sie jagen und fressen Mäuse.
6. Was tun Diebe?	6. Sie legen Eier.
7. Was tun Kühe?	7. Sie unterrichten Kinder.
8. Was tun Hexen?	8. Sie putzen sich die Zähne.
9. Was tun Müllmänner?	9. Sie klettern auf Bäumen.
10. Was tun Affen?	10. Sie fliegen auf Besen.
11. Was tun böse Hunde?	11. Sie geben Milch.
12. Was tun Stechmücken?	12. Sie stehlen Schmuck.

So kannst du ein lustiges Frage- und Antwort-Spiel mit Freunden machen:

Schneide alle Fragen und Antworten aus und mache zwei Stapel. Jeder Stapel wird gemischt. Dann nimmst du die oberste Frage, dein Freund oder deine Freundin liest die oberste Antwort dazu vor.

Name: Klasse: Datum:

Wer ist Wer? - Rätsel

Findest du die Namen der Jungen heraus?

Peter trägt eine Hose mit Streifen und einen Pulli mit Kreuzen und Punkten.

Thomas hat eine Hose mit Punkten an. Sein Pulli hat Kreuze und Streifen.

Helmut trägt eine Hose mit Punkten und Streifen. Sein Pulli zeigt ein großes und viele kleine Kreuze.

Manuel hat eine Hose mit Kreuzen und einen Pulli mit Streifen und Punkten an.

Klaus trägt eine Hose mit Kreuzen und Streifen. Sein Pulli hat Punkte und ein großes Kreuz.

Du kannst die Kleidung der Jungen sicher noch in der richtigen Farbe ausmalen!

Peters Hose ist dunkelblau und sein Pulli orange.
Thomas hat eine dunkelgrüne Hose und einen roten Pulli.
Helmuts Hose ist grau und sein Pulli lila.
Die Farbe von Manuels Hose ist dunkelrot und sein Pulli ist hellblau.
Die Hose von Klaus ist hellgrün und die Farbe des Pullis ist gelb.

Name: ______ | Klasse: ______ | Datum: ______

Die Katze

Die Katze ist ein bekanntes Haustier für uns. Sie stammt von der Wildkatze ab. Sie ist ein Einzelgänger und hat ein festes Revier, in dem sie jagt. Sie ist ein Schleichjäger. Das heißt, dass sie sich an eine Maus leise heranschleicht und sie dann anspringt. Dabei packt sie die Maus mit Maul und Krallen. Manchmal spielt die Katze erst mit einer Maus, bevor sie sie frisst.

Hast du auch eine Katze?
Beobachte sie doch einmal, wenn sie sich an etwas anschleicht!
Hoffentlich lässt du sie aber keine Vögel jagen.

Name: ______ Klasse: ______ Datum: ______

Bilderschrift

Die Bilder und die Wörter ergeben neue Wörter!

Schul 

 baum

Birn 

Fuß 

Regen 

 futter

Schnee 

 schuh

Fleisch 

Lese 

Bunt 

 bahn

Erfinde doch selbst zusammengesetzte Namenwörter in Bilderschrift!

Name: | Klasse: | Datum:

Brückenwörter

Kannst du die Brückenwörter lesen?

Das geht so:

Das Wort in der Mitte gehört immer zu beiden Wörtern!

Schokoladen - Eis -Kugel

ergibt die Wörter: Schokoladeneis und Eiskugel

1. Käse - Semmel - Knödel
2. Milch - Zahn - Bürste
3. Erdbeer - Kuchen - Stück
4. Elefanten - Fuß - Nagel
5. Nadel - Baum - Stamm
6. Nacht - Vogel - Nest
7. Baum - Haus - Tür
8. Spielzeug - Auto - Bahn
9. Fuß - Ball - Spiel
10. Tomaten - Salat - Gurke

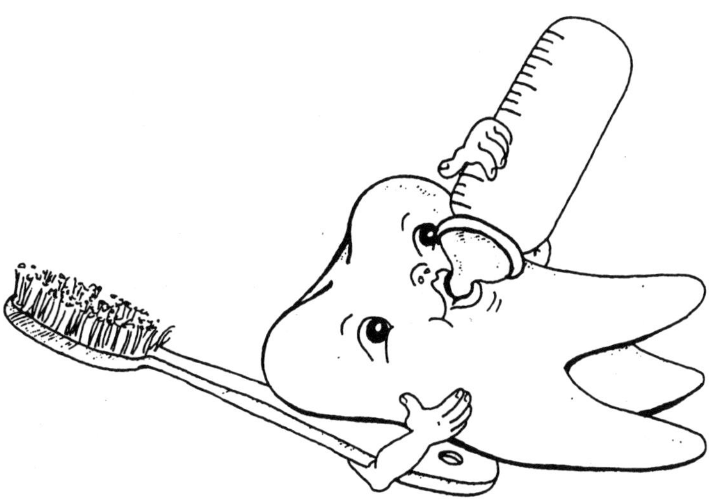

Name:	Klasse:	Datum:

Basteln mit Wörtern

Welche der zusammengesetzten Namenwörter gibt es wirklich?

Unterstreiche sie!

Nagelschere	Haufenmist	Wasserball
Kerzenständer	Stiftblei	Deckebett
Orangensaft	Pflegertier	Fischfutter
Ferienwinter	Pflanzegarten	Schuheroll
Kuhmilch	Futterkatzen	Wäscheleine
Senftube	Decketisch	Bürstehaar
Hüttehunde	Lesebuch	Hundschäfer

Du kannst die „falschen" Namenwörter so umbauen, dass Wörter entstehen, die es wirklich gibt, z.B. Haufenmist = Misthaufen!

Name:	Klasse:	Datum:

Kinder - ABC

Du kannst bestimmt die Namen der Kinder nach dem ABC ordnen.

Schreibe sie in der richtigen Reihenfolge unten in die Zeilen.

Zenzi Peter

Günther Walter Udo

Quirin Lona Anja

Xaver Beate Hanna Sarah

Daniel Fritz Tom

Ewald Corinna Mona Iris

Renate Yvonne Janina

Norbert Karola Vera

Name: Klasse: Datum:

Wörter verzaubern

Du kannst Wörter in neue Wörter verzaubern, wenn du nur einen Buchstaben veränderst. Die Bilder helfen dir!

Wind Kind 

Hose

Wiese 

Haus 

Schal 

Gras 

Mund 

Name:		Klasse:		Datum:	

Hausgemeinschaft

Diese Wörter teilen sich ein Haus. Findest du heraus, welches Wort in welchem Stockwerk wohnt?

lustig, kosten, stumpf, Stunde, Stoffe, Stelle, Steine, Stühle, hastig

k					
		e	i		
			f	f	
	u				
				d	e
			m		
			l	l	
	a				
		ü			

Warum wohnen diese Wörter im selben  ?

Name: Klasse: Datum:

Die verrückte Einkaufsliste

Bernd soll einkaufen. Seine Schwester hat ihm den Einkaufszettel geschrieben. Um ihn zu ärgern hat sie die Anfangsbuchstaben der Sachen vertauscht. Kannst du Bernd helfen? Schreibe richtig!

Brei Dananen
Techs Somaten
Wehn Zürste
Lehn Zutscher
1 Klasche Firschsaft
1 Vüte Tollmilch
Bechs Srötchen
Kier Väseecken

Male die Sachen aus, die Bernd kaufen soll!

Name:	Klasse:	Datum:

Silbensalat

Hier siehst du einige Silben im Rahmen. Sie ergeben die gesuchten Wörter. Die Zeilenkästchen unten zeigen dir die Anzahl der Silben.

ein Tier aus dem Zoo

ein rotes Gemüse

ein Kleidungsstück

eine Jahreszeit

eine Farbe

Name:	Klasse:	Datum:

Kreuzworträtsel „Tiere“

Die Silben helfen dir. Streiche die gebrauchten durch!

KA - HUHN - E - HUND - LE - SPIN - A - FANT - NE - MAUS -
MEI - E - I - KAT - SE - ZE - MEL - SEL - GEL

1. Wer vergräbt Knochen im Garten?
2. Wer legt Eier?
3. Wer fängt seine Beute in Netzen?
4. Welches Tier hat einen Rüssel?
5. Wer macht "ih-ah"?
6. Welches winzige Tier lebt in einem Haufen?
7. Wer hat viele spitze Stacheln?
8. Welches Tier fängt gerne Mäuse?
9. Wer hat zwei Höcker auf dem Rücken?
10. Welches Tier liebt Käse?

Name:	Klasse:	Datum:

Welche Wörter gehören zusammen?

Du findest sicher die passenden Tunwörter zu den Dingen!

Löffel ____________	Messer ____________
Pferd ____________	Vogel ____________
Eis ____________	Kerze ____________
Sonne ____________	Lampe ____________
Kuh ____________	Wasser ____________
Geld ____________	Buch ____________

reiten - gefrieren - brennen

leuchten - fließen - bezahlen

rühren - scheinen - fliegen

schneiden - lesen - melken

Name: ____ Klasse: ____ Datum: ____

Fehlergeschichte

Doris schreibt gerne Geschichten. Leider hat sie Probleme mit den Formen der Tunwörter. Kannst du ihr helfen und die Wörter richtig einsetzen?

springen - springt, rennen - rennt, fahren - fährt,
sitzen - sitzt, steckt - gesteckt, drücken - drückt.

Rudolf, der Polizeihund, ____ hinter zwei Dieben her. Schnell ____ Horst, sein Herrchen, ihm mit dem Auto nach. Die Diebe ____ in ein Haus und die Treppe hinauf. Rudolf und Horst ____ ihnen nach. Dort ____ die Verbrecher in der Falle. Rudolf ____ sie knurrend an. Sie ____ ängstlich in eine Ecke. Horst ____ sie in sein Auto und ____ die Tür fest zu. Sie ____ zum Polizeirevier. Rudi ____ glücklich hechelnd daneben. Endlich werden die Diebe ins Gefängnis ____

Name:	Klasse:	Datum:

Der salzige Lehrer???

Welches Wiewort passt jeweils am besten? Unterstreiche es!

Lehrer	gerecht	salzig	tief
Feuer	heiß	süß	weich
Bett	scharf	flüssig	weich
Messer	salzig	stumpf	blind
Winter	hoch	kalt	bunt
Nacht	dunkel	hell	billig
Lampe	stumpf	nass	hell
Zitrone	sauer	lustig	mutig
Himmel	streng	leise	blau
Ball	spät	rund	leise
Nadel	spitz	warm	ruhig
Auto	satt	dumm	schnell

Notizen:

Stundenbilder für die Grundschule

Andrea Reichert/Carmen Vogt

HSU kompakt

1. Jahrgangsstufe Bd. I

Stundenbilder zum neuen Sachunterricht

NEUERSCHEINUNG NEU

GESAMTES UNTERRICHTSMATERIAL FÄCHER... • TAFELBILDER • FOLIEN • KLASSENZIMMER...

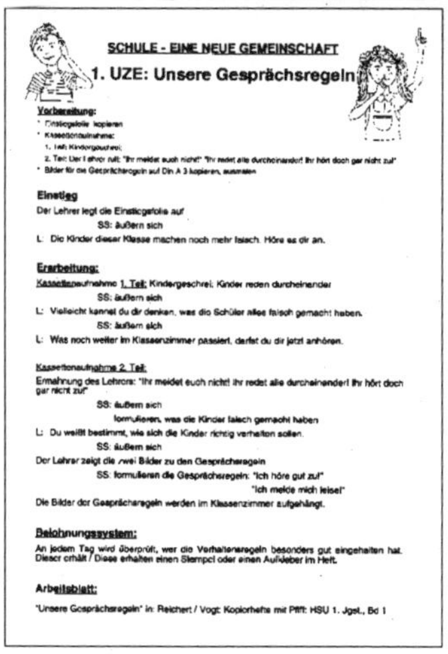

Inhaltsübersicht:

ZEIT ERLEBEN-ZEIT ERFAHREN
1. Das bin ich als Baby und Kindergartenkind 2. Das bin ich als Schulkind

SCHULE-EINE NEUE GEMEINSCHAFT
1. Unsere Gesprächsregeln 2. So halten wir Ordnung 3. Wie geht Partnerarbeit? 4. Wie können wir unserem neuen Mitschüler helfen?

SCHULHAUS -SCHULGEBÄUDE-SCHULGELÄNDE
1. Wir erkunden unser Schulhaus 2. So komme ich sicher zur Schule 3. Wie verhalte ich mich Fremden gegenüber?

LEBENSGEMEINSCHAFT FAMILIE
1. Wir sind eine Familie 2. So wohne ich 3. Wir sind füreinander da

MEIN TAGESABLAUF
1. Kasperles Tagesablauf 2. Die Sonne teilt den Tag ein 3. Eine Woche hat 7 Tage 4. Der kleine Zeiger zeigt uns die Stunde

HSU kompakt 1 Bd. I
Nr. 270 *126 Seiten* €17,90

Stundenbilder für die Grundschule

Andrea Reichert/Carmen Vogt

HSU kompakt

1. Jahrgangsstufe Bd. II

Stundenbilder zum neuen Sachunterricht

NEUERSCHEINUNG NEU

GESAMTES UNTERRICHTSMATERIAL FÄCHER... • TAFELBILDER • FOLIEN • KLASSENZIMMER...

Tafelbild

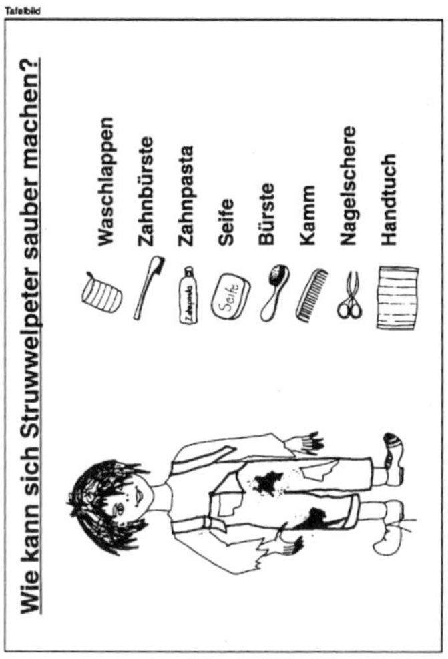

Inhaltsübersicht:

Körperpflege

Jahreslauf

Erfahrungen mit Luft

Wasser als Lösungsmittel/Sinnesleistungen

Erfahrungen mit dem Wetter

Sinnesleistungen

Die Wiese im Jahreszeitlichen Wechsel

Tier der Wiese

HSU kompakt 1 Bd. II
Nr. 271 *134 Seiten* €18,50

UNTERRICHTSPRAXIS

Helga Dorn

Mathematik kompakt

1. Jahrgangsstufe Bd. I

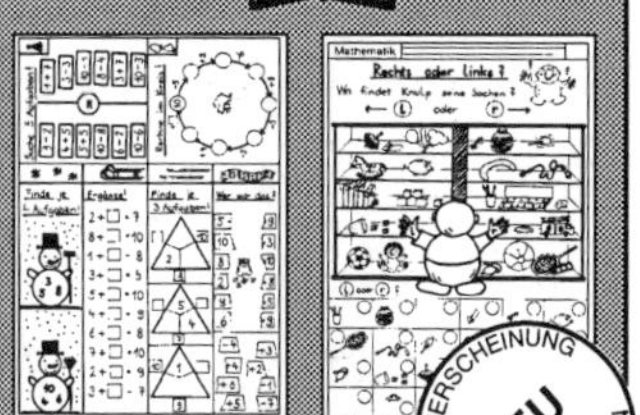

NEUERSCHEINUNG NEU

• FOLIENVORLAGEN • ARBEITSBLÄTTER

Inhaltsübersicht:

1. Geometrie * Raumvorstellung
Rechts oder links?, Links oder rechts? * ***Flächenformen*** Wir legen Figuren, Flächen und Muster, Flächenformen, Würfelspiel zu den Flächenformen, Wir zeichnen Formen, Spiel mit bunten Flächenformen, Bildkarten zum Spiel **2. Zahlen * Zahlen erfassen** Die Welt der Zahlen, Wir zählen und vergleichen, Mehr-weniger-gleich viele?, Wir vergleichen Mengen, Wir basteln ein Zahlenbuch, 1, 2 oder 3 ?, Die Zahl 1, Übungsblatt zur Ziffer 1, Die Zahl 2, Übungsblatt zur Ziffer 2, Die Zahl 3, Übungsblatt zur Ziffer, Übungen zur Dreiermenge, 4, 5 oder 6?, Die Zahl 4, Übungsblatt zur Ziffer 4, Die Zahl 5, Übungsblatt zur Ziffer 5, Übungen im Zahlenraum bis 5, Die Zahl 6, Übungsblatt zur Ziffer 6, Übungen zur Sechsermenge, Übungen im Zahlenraum bis 6, LZK im Zahlenraum bis 6, Die Zahl 0 *** Vergleichen** Wir vergleichen, Wir vergleichen Mengen und Zahlen *** Zerlegen** Wir zerlegen, Wir zerlegen Mengen, Wir basteln eine Zauberbox, Wir zerlegen mit der Zauberbox (1), Wir zerlegen mit der Zauberbox (2), Wir zerlegen Zahlen *** Zahlen erfassen** 7, 8 oder 9?, Die Zahl 7, Übungsblatt zur Ziffer 7, Die Zahl 8, Übungsblatt zur Ziffer 8, Die Zahl 9, Übungsblatt zur Ziffer 9, Wettspiel, Wir zerlegen die Zahlen 7, 8 und 9, Unsere Ziffern, Die Zahl 10, Zahlen-Memory, LZK im Zahlenraum bis 10, Nachbarzahlen-Ordnungszahlen **3. Rechnen** Plusaufgaben, Wir üben Plusaufgaben, Wir addieren, Rechenpuzzle, Aufgabenblatt, Lösung, Wir ergänzen, LZK zur Addition, Minusaufgaben, Wir subtrahieren, Rechenpuzzle, Aufgabenblatt, Lösung, Übungsblatt zur Addition und Subtraktion, Wir vergleiche, Rechenausdrücke und Zahlen, Wir vermindern, Wir rechnen und lesen, Übungsaufgaben im Zahlenraum bis 6, -Ergänzen, Rechendomino, -Plus oder minus, Vergleich von Rechenausdrücken etc., -Rechengeschichten (Bilder), -Zerlegen, Vergleichen etc., LZK zur Addition und Subtraktion bis 6, Wir rechnen bis 7, Wir rechnen bis 8, Wir rechnen bis 9, Rechenpuzzle, Aufgabenblatt, Lösung, Übungsblatt zur Addition und Subtraktion bis 9, Wir zerlegen die 10, Wir rechnen bis 10, Rechenkärtchen, Domino, Memory, Rechenpuzzle, Aufgabenblatt, Lösung, Wir rechnen plus, Wir ergänzen, Buchstaben-Zahlen-Liste, Wir ergänzen, LZK zur Addition bis 10, Wir rechnen minus, Wir vermindern, Wer findet die Wörter?, Rechenpuzzle, Aufgabenblatt, Lösung, Würfelspiel, Übungen zur Addition und Subtraktion bis 10, Wir rechnen im Kreis, Und jetzt geht's durcheinander, Tauschaufgaben plus, Tauschaufgaben minus, Übungsaufgaben im Zahlenraum bis 10, -Plus oder minus, Vergleichen-Ergänzen -, -Vermindern, Zerlegen, -Addieren , Subtrahieren, etc., LZK zur Addition und Subtraktion bis 10, Wir verdoppeln, Wir halbieren, Die Hälfte-das Doppelte, Nachbaraufgaben plus, Nachbaraufgaben minus, Umkehraufgaben plus, Umkehraufgaben minus, Umkehraufgaben und Tauschaufgaben, 3 Zahlen-4 Aufgaben, Wir lösen eine Rechengeschichte (1), Wir lösen eine Rechengeschichte (2), Rechengeschichten, Wir lösen Rechengeschichten, Für Rechenprofis, LZK bis 10 (Ergänzen, Vermindern, Umkehraufgaben, etc.), Folienvorlagen, Verwendungsbeispiele

€

Mathematik kompakt 1 Bd. I
Nr. 278 *148 Seiten* €19,50

UNTERRICHTSPRAXIS

Helga Dorn

Mathematik kompakt

1. Jahrgangsstufe Bd. II

NEUERSCHEINUNG NEU

• FOLIENVORLAGEN • ARBEITSBLÄTTER

Inhaltsübersicht:

1. **Größen** Unser Geld, Wir bezahlen mit Euro
2. **Zahlen** Erweiterung des Zahlenraums bis 20, Zehner und Einer, Wir stellen Zahlen verschieden dar, Wir erweitern unser Zahlenbruch, Die Zahlen bis 20, Nachbarzahlen-Ordnungszahlen, Wir zerlegen in Zehner und Einer, Wir vergleichen, Die Zahlen am Zahlenstrahl, Rechenkärtchen, Lernzielkontrolle zur Erfassung des Zahlenraums bis 20
3. **Rechnen** im Zahlenraum bis 20 (ohne Zehnerübergang), Wir rechnen ⊕ im zweiten Zehner, Wir rechnen bis 20, Wir üben Plusaufgaben, Buchstaben-Zahlen-Liste, Lösungen, Wir rechnen und lesen (Plusaufgaben), Wir rechnen ⊖ im zweiten Zehner, Wir rechnen bis 20, Wir üben Minusaufgaben, Wir rechnen und lesen (Minusaufgaben), Plus und minus im zweiten Zehner, Wir rechnen und malen, Würfelspiel, Rechenpuzzler, Aufgabenblatt, Lösung, Wir ergänzen, Wir vermindern, Wir rechnen und lesen (Ergänzen und Vermindern), Tauschaufgaben, Umkehraufgaben, Wir rechnen bis 20 (verschiedene Platzhalter), 3 Zahlen-4 Aufgaben, Wir rechnen mit 3 Zahlen, Rechengeschichten, Wir lösen Rechengeschichten, Übungsaufgaben im Zahlenraum bis 20 (ohne Zehnerübergang), Rechenpuzzle Clown, Rechenpuzzle Fee, Rechenpuzzle Cowboy, Plusaufgaben zum Legen, Minusaufgaben zum Legen, Ergebniskärtchen, Rechendomino etc., Zerlegen, Zahlenfolgen etc., Vergleich von Rechenausdrücken, Ergänzen, Vermindern, Rechnen im Kreis etc., Rechengeschichten, Lernzielkontrolle zum Rechnen bis 20 (ohne Zehnerübergang) im Zahlenraum bis 20 (mit Zehnerübergang), Wir wiederholen das Zerlegen, Wir zerlegen die Zahl 10, Der Zehnerübergang ⊕ , Über die Zehn in zwei Schritten ⊕, Wir üben den Zehnerübergang ⊕, Wir üben den Zehnerübergang, Die Hälfte-das Doppelte, Nachbaraufgaben, Wir rechnen und malen, Rechenpuzzle, Aufgabenblatt, Lösung, Wir rechnen und lesen (Plusaufgaben), Wir ergänzen, Lernzielkontrolle zur Addition bis 20 mit Zehnerübergang, Der Zehnerübergang ⊖ , Über die Zehn in zwei Schritten ⊖, Wir üben den Zehnerübergang ⊖ Wir üben den Zehnerübergang ⊖ , Wir vermindern, Wir rechnen und malen, Rechenpuzzle, Aufgabenblatt, Lösung, Schaufenster: Spielwaren Freud, Rechengeschichten: Im Spielwarenladen, Wir rechnen und lesen (Plus- und Minusaufgaben), Wir rechnen mit Hilfe der Umkehraufgabe, Umkehraufgaben und Tauschaufgaben, Wir rechnen und lesen (Umkehraufgaben), Nun geht´s durcheinander!, 3 Zahlen-4 Aufgaben, Wir rechnen vereinfacht, Rechenpuzzle, Aufgabenblatt, Lösung, Rechengeschichten: Im Schwimmbad, Übungsauggabe im Zahlenraum bis 20 (mit Zehnerübergang), Plusaufgaben zum Legen, Ergebniskärtchen, Minusaufgaben zum Legen, Ergebniskärtchen, Rechendomino etc., Ergänzen, Vermindern etc., Rechnen im Kreis etc., Zerlegen, Zahlenfolge etc., Rechengeschichten: Im Zirkus, Lernzielkontrolle zur Addition und Subtration bis 20 mit Zehnerübergang
4. **Größen** Wir basteln eine Uhr, Kennst du die Uhr?, Zeitspannen,
5. **Folienvorlagen und Verwendungsbeispiele**

€

Mathematik kompakt 1 Bd. II
Nr. 279 *122 Seiten* €17,50

Deutsch

Unterricht öffnen-Spielend lernen
Spiel- und Arbeitsmaterial für die Freiarbeit

355 **Grundwortschatz 1** ✍ 15.90
in Übungsstationen im Karteikartenformat DIN A5 quer, 136 Seiten

954 **Grundwortschatz 2** ✍ 18.50
in Übungsstationen im Karteikartenformat DIN A5 quer, 186 Seiten

Grundwortschatz in Nachschriften Lauf- und Büchsendiktaten KP

787 **1. Schuljahr,** *76 S.* ✍ 14.90
788 **2. Schuljahr,** *104 S.* ✍ 16.90

Grundwortschatz-Schülerhefte

118 **Mein Grundwortschatz 1./2.** ✍ 3,90
56 S., VA

982 **Mein Grundwortschatz 1./2.** ✍ 4,90
80 S., VA, erweiterte Fassung

992 **Mein Wörterliste zum Grundwortschatz 1./2.** *12 S.* ✍ 1,50

065 **Mein Grundwortschatz 1./2.** ✍ 3,90
48 S., in Schulausgangsschrift

Richtig Schreiben

980 Neue Wege zum richtigen Schreiben 1
102 S. ✍ 16,50

981 Neue Wege zum richtigen Schreiben 2
✍ i.V.

Rechtschreiben-Unterrichtspraxis
Lernwörter, Nachschriften, Diktate

892 **1. Schuljahr,** *84 S.* ✍ 14.90
893 **2. Schuljahr,** *88 S.* ✍ 14.90

Die lustige Rechtschreibkartei UP
Kopiervorlagen nach neuer Rechtschrift

042 **2. Schuljahr,** *110 S., A5 quer* ✍ 14.50

Lesen lernen

700 **Buchstabenzug,** *107 S.* 7,90

075 **Das ABC lustiger lernen** 16,50
Bilder- u. Bildergeschichten zur Veranschaulichung von Buchstaben und Wörtern, 112 S.

895 **ABC-Geschichten** ✍ 13.90
zum Lesen und Lesen lernen, 76 S.

894 Mit allen Sinnen Buchstaben lernen ✍ 9.90
Arbeitsheft zu den ABC-Geschichten, 46 S.

991 Stationenarbeit zur vertiefenden Leseübung 1
120 S. ✍ 17.50

Literatur/Lesen

392 **Mein Lese-Mal-Buch**
1./2. Schuljahr *66 S.* ✍ 13,50

357 **Mit viel Spaß fit im Lesen**
1./2. Schuljahr *46 S.* ✍ 10,90

758 **So macht Lesen Spaß, 1. Schuljahr**
64 S. ✍ 12,50

759 **So macht Lesen Spaß, 2. Schuljahr**
78 S. ✍ 13,50

Gedichte

106 **1./2. Schuljahr** 12,90
z.B. von Britting, Claudius, Morgenstern, Krüss,..., 18 Gedichte, 84 S.

✍ = **Neue Rechtschreibung**

Schreiben lernen
Kopiervorlagen bzw. Schülerhefte

994 **Schreiblehrgang, 1./2. Schuljahr** ✍ i.V.
in vereinfachter Ausgangsschrift

Sprachbetrachtung/Sprachlehre

774 **Spielend lernen, 2. Schulj.,** *116 S.* 14,90

Aufsatzerziehung

835 **So werden meine Geschichten lebendiger 1./2. Schuljahr,** *80 S.* ✍ 14,90

Deutsch kompakt

290 **1. Jahrgangsstufe Bd. I**
120 S. ✍ 17,50

291 **1. Jahrgangsstufe Bd. II**
154 S. ✍ 19,90

984 **1. Jahrgangsstufe Bd. II** ✍ *i.V.*
292 **2. Jahrgangsstufe Bd. I** ✍ *i.V.*
293 **2. Jahrgangsstufe Bd. II** ✍ *i.V.*
985 **2. Jahrgangsstufe Bd. III** ✍ *i.V.*

Heimat- und Sachunterricht

Stundenbilder

270 **HSU kompakt 1 Bd. I** *128 S.* ✍ 17,90
271 **HSU kompakt 1 Bd. II** *134 S.* ✍ 18,50
272 **HSU kompakt 2 Bd. I** ✍ i.V.
273 **HSU kompakt 2 Bd. II** ✍ i.V.

734 **2. Schuljahr Band I** *110 S.* ✍ 15,90
735 **2. Schuljahr Band II** *118 S.* ✍ 16,90

Lernzielkontrollen/Proben

796 **2. Schuljahr,** *68 S.* ✍ 13,50

Unser eigenes Thema

286 **1./2. Jahrgangsstufe** i.V.

Verkehrserziehung

151 **1./2. Schuljahr,** *56 S.* ✍ 12,90

Bilder- und Bildgeschichten zum Sachunterricht

162 **1. Schuljahr,** *72 S.* 12,50
165 **2. Schuljahr,** *96 S.* 13,90

Kopierhefte mit Pfiff

745 **1. Schuljahr Band I,** *84 S.* ✍ 14,90
Kind und Schule, Familie, Tagesablauf, Zeit, Spiel

746 **1. Schuljahr Band II,** *96 S.* ✍ 15,90
Kind und Gesundheit, Kind und Natur

747 **2. Schuljahr Band I,** *92 S.* ✍ 15,90
Kind und Schule, Familie, Zeit, Heimatgeschichte, räumliche Orientierung, wirtschaftliche Umwelt

748 **2. Schuljahr Band II,** *92 S.* ✍ 15,90
Kind und Gesundheit, Kind und heimatliche Natur

989 **Kopierheft HSU 1,** *36 S.* ✍ 8,90

Religion

Katholische Religion NEU

288 **1. Jahrgangsstufe,** *140 S.* ✍ 18,90
289 **2. Jahrgangsstufe** i.V.

Evangelische Religion

072 **2. Schulj.,** *80 S., 10 StB, 17 AB, 3 FV* **12,50**

Ethik

262 **1. Jahrgangsstufe,** *112 S.* ✍ **16,90**
263 **2. Jahrgangsstufe** **i.V.**

Grundlegender Unterricht

770 **1. Schuljahr Band I** **17,50**
142 S., 26 Themen

771 **1. Schuljahr Band II** **17,50**
136 S., 39 Themen

772 **2. Schuljahr Band I** **17,50**
142 S., 39Themen

773 **2. Schuljahr Band II** **17,50**
144 S., 36 Themen

Mathematik

Stundenbilder

278 Mathematik kompakt 1 Bd. I *146 S.* ✍ **19,50**
279 **Mathematik kompakt 1 Bd. II** ✍ **i.V.**
280 **Mathematik kompakt 2 Bd. I** ✍ **i.V.**
281 **Mathematik kompakt 2 Bd. II** ✍ **i.V.**
752 **2. Schuljahr,** *144 S.* ✍ **17,90**

Unterrichtspraxis

121 **2. Schuljahr** ✍ **19,50**
z.B. das Einmaleins, Addieren und Subtrahieren bis 20, die Zahlen bis 100
166 Seiten, 149 AB, 22 FV

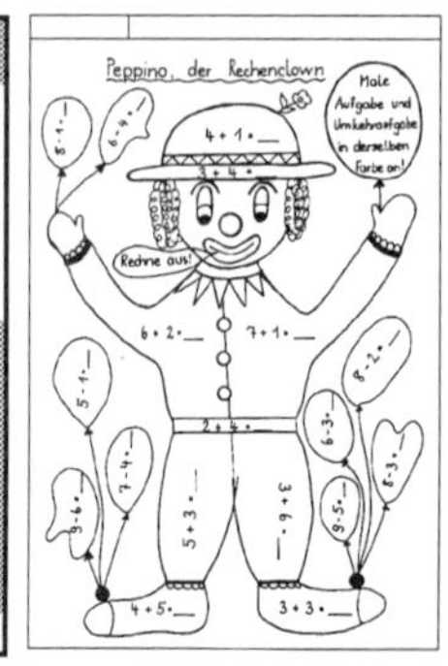

Rechnen mit Lust
Spiele und Übungen als Kopiervorlagen für Einführungsstunden, Übungsstunden, zur Freiarbeit mit Selbstkontrolle oder als Hausaufgabe geeignet

178 **1. Schuljahr,** *166 S.* ✍ **19,90**
179 **2. Schuljahr,** *130 S.* ✍ **18,50**

Freiarbeit - Spielend lernen
Spiel- und Arbeitsmaterial, jeweils mit ausführlichem Anleitungsheft

045 **1. Schuljahr, Band I, Zahlenraum 1-10**
35 Kartonblätter + Lehrerheft **17,90**

047 **1. Schuljahr, Band II, Zahlenraum 10-20**
35 Kartonblätter + Lehrerheft **17,90**